Diana Luxton · Jutta Garbert

Flieg mit Skip zum Regenbogen

Ich möchte mich bei allen Kindern bedanken, die bei der Aufnahme der Lieder und Geschichten mit so viel Begeisterung und professionellen Studioauftritten mitgewirkt haben. Vielen Dank an Peter für seine zauberhafte Erzählstimme, an Darek für seine exzellente Arbeit, an die *Psalm and Courtyard Studios* für ihre unermüdliche Geduld bei der Produktion und an meine Familie für ihre Geduld, Unterstützung und ihren Humor.

Diana Luxton
geboren in London, ist ausgebildete Sängerin und studierte Sprachen an der Oxford University. Die ersten Lieder komponierte sie für ihre eigenen Kinder. Inzwischen hat sie weltweit schon viele Bücher zum frühen Englischlernen veröffentlicht.

Jutta Garbert,
aufgewachsen im Münsterland, studierte an der Folkwangschule in Essen Freie Grafik und lebt heute in Nürnberg. Sie illustriert seit vielen Jahren vor allem und am liebsten Kinderbücher.

Außerdem in dieser Reihe erschienen:
»Flieg mit Skip ins Drachenland«
3-401-08807-6

Diana Luxton / Jutta Garbert

Flieg mit Skip zum Regenbogen

Geschichten und Lieder
zum allerersten Englischlernen

EDITION BÜCHERBÄR

In neuer Rechtschreibung

1. Auflage 2005

Musik und Text: Diana Luxton
CD: Diana Luxton
Einband und Innenillustrationen von Jutta Garbert
Übertragung ins Deutsche: Annett Stütze
Lektorat: Britta Vorbach
Gesamtherstellung: Westermann Druck Zwickau GmbH
ISBN 3-401-08808-4

www.arena-verlag.de

Inhalt

1. Freunde

Find me!
Findet mich!

Max und seine große Schwester Lara haben einen ganz besonderen Freund. Er heißt Skip. Skip kommt aus England und ist ein kleiner roter Drache mit einem großen Geheimnis: Er kann sprechen! Aber nur, wenn Max und Lara mit ihm Englisch reden. Und wenn sie mit ihm singen, erleben sie zusammen phantastische Abenteuer!

»Oh, nein! Wo ist Skip?«, fragt Max seine Schwester. Skip steht nicht an seinem Platz im Regal. Sofort suchen ihn die beiden überall, aber sie können ihn nicht finden. Auf einmal hören sie eine leise Stimme aus der Spielzeugkiste: »Find me! Find me!«
»Ich weiß, was das bedeutet«, erklärt Lara.
»Ich auch, ich auch!«, sagt Max. »Skip will, dass wir ihn suchen.«
Schnell klappen sie den Deckel der Spielzeugkiste hoch und entdecken einen kleinen roten Schwanz.

»Hier steckt unser Drache!«, ruft Lara.
»Da bist du ja, Skip! Hello, hello!«, freut sich Max.
»Yes, Skip, the dragon«, lacht Skip.
»Hello, Lara! Hello, Max!«, sagt der kleine rote Drache und hüpft aus der Kiste. »Let's play!«
»Ja, lasst uns spielen!« Max ist sofort begeistert.
Skip zeigt auf das Spielzeug in der Kiste und sagt: »Look!«
Dann beginnt er ein Lied zu summen. Max und Lara gucken in die Kiste. Auf einmal fängt ihr Lieblingsspielzeug an sich zu bewegen.
»Zauberei!«, Lara klatscht vor Freude in die Hände.
»Yes, magic«, sagt Skip.
Zuerst fliegt Laras Püppchen in die Luft und landet direkt neben Lara.
»Doll«, sagt Skip, »hello, doll!«
»Hello, dragon«, antwortet die Puppe.
Dann klettert Max' Teddy aus der Box. Max und Lara müssen kichern, als der Teddy versucht mit seinen steifen Beinen zu klettern und zu tanzen.
»Teddy«, sagt Skip, »hello, Teddy!«
»Hello, dragon!«, antwortet Teddy.
Die Puppe und Teddy umarmen Skip. »Ah! My friends!«, sagt er. »This is my friend Lara . . . and this is my friend Max!«
»Ah! Hello, friends«, antworten Max und Lara, als sie verstehen, dass friends Freunde bedeutet.
Alle fassen sich an den Händen und rufen immer wieder: »Friends! Friends!«
»Let's sing and fly!«, ruft Skip.
»Ja, lasst uns singen und fliegen«, freuen sich Max und Lara.

Hello
Hallo

yes
ja

dragon
Drache

Let's play!
Kommt, wir spielen!

Look!
Seht mal!

magic
Zauberei

doll
Puppe

this is my . . .
das ist mein . . .

my friends
meine Freunde

friend
Freund

Let's sing and fly!
Kommt, wir wollen singen und fliegen!

Dragon friends, dragon friends,
Drachenfreunde, Drachenfreunde,

dragon friends are magic!
Drachenfreunde können zaubern!

Magic! Magic!
Zauberei! Zauberei!

Dragon friends are magic!
Drachenfreunde können zaubern!

Magic! Magic!
Zauberei! Zauberei!

Dragon friends are magic!
Drachenfreunde können zaubern!

I am happy,
Ich bin glücklich,

happy with you!
glücklich mit dir!

I am happy,
Ich bin glücklich,

be my friend, too!
sei auch du mein Freund!

Magic! Magic!
Zauberei! Zauberei!

Dragon friends are magic!
Drachenfreunde können zaubern!

Magic! Magic!
Zauberei! Zauberei!

Dragon friends are magic!
Drachenfreunde können zaubern!

Spielideen

1. Male eine Grußkarte für jemanden, den du gern magst. Wenn dir ein Erwachsener dabei hilft, kannst du auch das englische Wort HELLO hineinschreiben.

2. Bastle dir einen Kopfschmuck mit Hasenohren. Zeichne zwei große, längliche Hasenohren auf Karton und male sie an. Klebe einen 3 cm breiten Pappstreifen so zu einem Ring, dass er auf deinen Kopf passt. Ohren ausschneiden, an den Ring kleben, fertig!

I can hear…
Ich kann…hören.

Can you hear it?
Kannst du es hören?

rabbit
hier: Hase
eigentl.: Kaninchen

our friend
unser Freund

Sie fliegen durch den Garten, über Blumen und Bäume. Auf einmal hören sie eine leise Stimme. Auch sie singt Skips Lied! Sie scheint aus einem Busch zu kommen. Vorsichtig landen sie. Alle gehen in die Hocke und lauschen. Die Stimme flüstert: »Find me! Find me!«
Skip sagt: »I can hear ›find me‹, can you hear it?«
Max nickt und versucht unter den Busch zu kriechen. Aber dazu ist er zu groß. Skip schiebt seinen Schwanz unter den Busch. Dann zieht und ruckt er. Nichts bewegt sich. Max und Lara helfen ihm, mit ganzer Kraft zerren sie beide an Skip. Gemeinsam ziehen sie, bis ein nasser, zerzauster blau-gelber Hase unter dem Busch hervorkommt. Er hängt an Skips Schwanz.
»Häschen!«, freut sich Max und umarmt sein verlorenes Stofftier. »Hier hast du also gesteckt!«
»Hello, rabbit«, lacht Skip, »our friend!«

2. Ein Regenbogen

Max guckt aus dem Fenster. »Super! Es regnet!‹ Sofort weckt er Skip und zieht seine gelben Gummistiefel und seine blaue Regenjacke an. Im gleichen Moment kommt Lara aus ihrem Zimmer. Sie trägt einen Sonnenhut und kurze Hosen. Da fängt Skip an zu lachen. Er zeigt zum Fenster.
»It's raining!«, sagt er, »look, rain!«
Sie gucken aus dem Fenster.
»Hmmm«, murmelt Lara und schüttelt den Kopf. »Come with me!«
Max und Skip folgen ihr. In Laras Zimmer scheint die Sonne durchs Fenster. »The sun«, sagt Skip, »I can see the sun.«
Max nickt: »Ja, die Sonne. Ich kann die Sonne sehen!«
Er runzelt die Stirn. »Es ist sonnig.«
Und Skip stimmt ihm noch einmal zu: »It's sunny.«
Dann hat Skip eine Idee. »I can see the rain . . . and I can see the sun!«, ruft er. »Come with me!«
Schnell rennen sie die Treppen hinunter in den Garten.

Und was sehen sie da? Auf der einen Seite des Hauses treiben dunkle Wolken und es regnet. Auf der anderen Seite hat der Wind die Wolken schon weggepustet und die Sonne scheint. Dazwischen, genau über dem Garten, glitzert ein wunderschöner Regenbogen.
»Ohhh!«, staunen alle.
»A rainbow!«, sagt Skip. »A beautiful rainbow!«
»Wunderschön«, nicken Max und Lara.
»The sun and the rain«, erklärt Skip, »make a rainbow!«

It's raining.
Es regnet.

Look!
Seht mal!

rain
Regen

Come with me!
Kommt mit mir!

the sun
die Sonne

I can see.
Ich kann . . . sehen.

It's sunny.
Es ist sonnig.

a rainbow
ein Regenbogen

beautiful
wunderschön

make
machen

purple
Lila

blue
Blau

green
Grün

yellow
Gelb

orange
Orange

red
Rot

Let's ride on the rainbow!
Kommt, wir wollen auf dem Regenbogen reiten!

»Sonne und Regen«, meint Lara mit großen Augen, »lassen einen Regenbogen entstehen.«
Skip rennt zum Regenbogen, summt ein neues Lied und klettert die Farben hinauf, als wären es Stufen. Max folgt ihm sofort.
»Purple!«, sagt Skip. Und Max ruft: »Lila!«
»Blue!« – »Blau!«
»Green!« – »Grün!«
»Yellow!« – »Gelb!«
»Orange!« – »Orange!«
»Red!« – »Rot!«
»Wartet auf mich!«, ruft Lara und versucht die beiden einzuholen.
Oben auf dem Regenbogen scheinen sie zu schweben.
»Let's ride on the rainbow!«, ruft Skip.
Wie auf einem Pferderücken reiten sie auf dem Regenbogen und singen:

Riding on a rainbow,
Reiten auf dem Regenbogen,

riding to the sun.
reiten hin zur Sonne.

Riding on a rainbow,
Reiten auf dem Regenbogen,

riding just for fun!
reiten nur aus Spaß.

Flying to the rain clouds,
Fliegen zu den Regenwolken,

flying to the sun.
fliegen hin zur Sonne.

Riding on a rainbow,
Reiten auf dem Regenbogen,

riding just for fun!
reiten nur aus Spaß.

It's raining, it's sunny,
Es regnet, es ist sonnig

and that makes a rainbow,
und so entsteht ein Regenbogen,

a rainbow!
ein Regenbogen!

Spielideen:

1. Bastle eine Wetteranzeige. Auf eine runde Pappscheibe malst du auf die eine Seite eine Sonne, auf die andere Seite eine große Regenwolke. Hänge die Scheibe an einer Schnur auf. Jetzt kannst du jeden Morgen das Wetter einstellen und deinen Eltern sagen: »It's sunny«, oder: »It's rainy.«

2. Male ein Bild von Max und Lara auf dem Regenbogen. Kannst du die Farbennamen jetzt schon auf Englisch? Purple, blue, green, yellow, orange, red.

Sing and fly

Auf einmal treibt der Wind eine Wolke genau vor die Sonne.
Skip warnt seine Freunde: »Cloud!«
Doch in dem Moment verblasst schon der Regenbogen unter ihnen und sie fallen!
»Hilfe!«, rufen Lara und Max erschrocken.
Skip breitet schnell seine Flügel aus und fängt die beiden auf.
Er ruft: »Sing!« So laut er kann singt er und schreit noch einmal: »Sing and fly!«
Da erinnern sich Max und Lara, dass sie fliegen können, wenn sie singen! Sie holen tief Luft und stimmen ein. Und schon schweben sie wieder von selbst in der Luft. Plötzlich fangen sie an zu lachen, denn Skip hat das Lied ein kleines bisschen verändert.

Riding on a dragon,
Reiten auf einem Drachen,
riding to the sun.
reiten hin zur Sonne.
Riding on a dragon,
Reiten auf einem Drachen,
riding just for fun!
reiten nur aus Spaß.

Sie lachen immer noch, als sie sicher wieder im Garten landen. Was für ein aufregendes Abenteuer!

cloud
Wolke

Sing and fly!
Sing und flieg!

3. Im Garten

Als Max, Lara und Skip in den Garten kommen, flattern dort lauter Schmetterlinge umher.
»Look! Butterflies!«, sagt Skip.
Max rennt umher und wedelt mit den Armen.
»Max will wohl auch ein Schmetterling sein«, lacht Lara. »Sieht das lustig aus!« Sie dreht sich zu Max und ruft: »Max, du musst fliegen, nicht rennen!«
Und Skip weiß auch gleich, wie.
»Sing and fly!«, ruft er Max zu.

Als Max anfängt Skips Lied zu singen, hebt er tatsächlich vom Boden ab und flattert wie ein Schmetterling auf und nieder.
»Das ist super«, sagt Lara, »lass uns mitsingen!« Und zusammen mit Skip flattert auch sie durch die Luft.
»Let's fly like a butterfly!«, singt er.
Ein kleiner Zitronenfalter, dem sie folgen, setzt sich auf ein Blatt. Auch Lara und Max machen Pause. Da entdeckt Max eine Biene.
»Bee!«, erklärt Skip als sie ihren Zickzack-Flug durch den Garten beobachten.
Als die Biene ganz dicht an ihnen vorbeischwirrt, lacht Skip. »Let's zoom like a bee!«, schlägt er vor und Max will ihr sofort hinterherfliegen.
Aber Lara hat schon ein Vögelchen entdeckt, das über ihnen in den Himmel flattert. »Bird. Let's fly like a bird!«
Und schon fliegen sie hoch hinauf in den Himmel.
»Sky«, lacht Skip.
Sie drehen zwei Kreise um den Baum und kommen genau in dem Moment zurück, in dem auch Max keuchend landet.

Look!
Schaut!

butterflies
Schmetterlinge

Let's fly like . . .!
Kommt, wir wollen fliegen wie . . .!

bee
Biene

Let's zoom like a bee!
Kommt, wir wollen wie eine Biene umherschwirren!

bird
Vogel

sky
Himmel

So durch die Luft zu wirbeln ist ganz schön anstrengend. Deshalb suchen Max und Lara im Gras etwas anderes, dem sie folgen können. Lara entdeckt einen großen, glänzenden Käfer.

»Beetle«, sagt Skip.

Der Käfer krabbelt durch die Wiese und Skip und Lara krabbeln hinterher.

»Crawl! Crawl like a beetle!«, erklärt Skip.

Max findet, dass sie lustig aussehen. Als er sich umsieht, entdeckt er noch etwas Neues. Es bewegt sich auf und ab und Max versucht, es gleich nachzuahmen.

Als Lara rüberschaut, wundert sie sich: »Was machst du denn da?«

»Ich krabble wie eine Raupe!«, antwortet Max und zeigt auf die kleine Raupe.

Lara und Skip versuchen es auch, aber bei ihnen sieht es ein bisschen albern aus.

»Let's sing«, sagt Skip und schon bald krabbeln alle singend durch den Garten:

beetle
Käfer

crawl
krabbeln

Let's sing!
Kommt, wir wollen singen!

Spielideen

1. Zeichne den Körper einer großen Biene auf eine feste Pappe und male ihn an. Bitte einen Erwachsenen, zwei Längsschlitze in den Körper zu schneiden. Durch die zwei Schlitze schiebst du gelbes Krepppapier und schon hast du zwei Flügel. Fertig ist die Biene!

2. Höre dir das Lied noch einmal an. Tanze mit! Bewege deine Arme wie ein Schmetterling die Flügel, wenn die Kinder singen: »Fly like a butterfly, fly, fly, fly.« Krabble auf allen vieren durch das ganze Zimmer, wenn die Kinder singen: »Crawl like a beetle, crawl, crawl, crawl.«

Fly like a butterfly, fly, fly, fly,
Flieg wie ein Schmetterling, flieg, flieg, flieg,
zoom*, zoom, zoom like a bee.
summ, summ, summ wie eine Biene.
Fly like a bird in the sky, sky, sky,
Flieg wie ein Vogel im Himmel, Himmel, Himmel,
can you fly like me?
kannst du fliegen wie ich?
Butterfly, butterfly,
Schmetterling, Schmetterling,
butterfly, bird and bee.
Schmetterling, Vogel und Biene.
Butterfly, butterfly,
Schmetterling, Schmetterling,
you can fly like me!
du kannst fliegen wie ich!
Crawl like a beetle, crawl, crawl, crawl,
Krabble wie ein Käfer, krabble, krabble, krabble,
crawl like a beetle, too.
krabble genau so wie ein Käfer.
Crawl like a beetle, crawl, crawl, crawl,
Krabble wie ein Käfer, krabble, krabble, krabble,
I can crawl like you!
ich kann krabbeln genau wie du!
Beetle, crawl! Beetle, crawl!
Käfer, krabble! Käfer, krabble!
Crawl like a beetle, too.
Krabble genau so wie ein Käfer.
Beetle, crawl! Beetle, crawl!
Käfer, krabble! Käfer, krabble!
I can crawl like you!
Ich kann krabbeln genau wie du!

*zoom – eigentl. *schwirren,* hier frei übersetzt mit *summen*

Die Raupe krabbelt auf ihr Blatt und fängt an, daran zu knabbern. Max hat auf einmal auch Hunger. Er sieht das Blatt an und denkt, dass es jetzt eigentlich reicht, wie eine Raupe zu sein!

4. Ein Haus für Skip

boxes
Kisten

house
Haus

Let's build a house!
Kommt, wir wollen ein Haus bauen!

This is the roof.
Das ist das Dach.

Let's paint the roof!
Kommt, wir wollen das Dach anmalen!

for
für

windows
Fenster

Cool«, ruft Max, »supergroße Kisten!«
Max und Laras Mutter hat neue Möbel gekauft und die waren in großen weißen Kisten verpackt.
»Bitte, bitte, dürfen wir die zum Spielen haben?«, bettelt Lara und Mama überlässt sie ihnen.
Sie tragen die Kisten in den Garten. Skip darf natürlich auch mit. Dort überlegen sie, was sie damit spielen könnten.
»Ich weiß was«, sagt Lara, »lass uns ein Haus für Skip daraus bauen!«
»Ja«, schreit Max, »ein Haus – super Idee!«
Sie wecken Skip, damit er ihnen hilft: »Hello, Skip!«
Sofort ist Skip wach: »Hello Max, hello Lara!«
Max zeigt ihm die Kisten.
»Boxes.« Skip nickt aufgeregt.
Da stellt sich Max in eine Kiste und zeigt ihm, dass sie ein Haus daraus bauen wollen.
»House«, sagt Skip begeistert, »let's build a house!«
Max und Lara falten einen großen Karton zu einem Dach. Skip fliegt hoch und hilft das Dach auf das Haus zu setzen.
»Roof«, sagt er, »this is the roof.«
Lara holt ihre Farben und Pinsel. Alle zusammen malen sie das Dach rot.
Skip kichert: »Let's paint the roof! A red roof for a red dragon!«
Er schneidet zwei Löcher in die große Kiste – die Fenster.
»Windows«, erklärt Skip.
Als Nächstes müssen sie die Fensterrahmen malen.

»Wie wär's mit Grün?«, schlägt Lara vor.
»Nein!«, protestiert Max, »Blau! Ich mag Blau!«
Max und Lara malen jeweils einen Fensterrahmen, während Skip umherhüpft und singt: »Two windows, one, two. Two windows, blue, blue!«
Dann holt Lara ihren größten Pinsel und malt sorgfältig eine große Tür auf den Karton.
»Door!«, sagt Skip. Max möchte, dass sie wieder blau wird, aber dann ist er auch mit Grün einverstanden.
Skip nickt: »A green door.«

Es ist nur ein ganz kleines Haus, aber als es fertig ist, freuen sich Max und Skip so, dass sie lachend immer wieder darum herumrennen. Lara soll auch mitmachen!
»Run with me!«, Skip fängt an ein neues Lied zu singen und Max stimmt ein:

two
zwei

one
eins

blue
blau

door
Tür

green
Grün

Run with me!
Renn mit mir!

Spielideen

1. Baue ein Haus mit deinen Bauklötzen oder Legosteinen. Weißt du noch, wie alle Teile heißen? Dach, Fenster und Tür heißen roof, window und door.

2. Bewegungsspiel: Mache mit den Händen das nach, was du hörst: Build a house – beide Fäuste übereinander legen, wie zwei Mauersteine. Build a roof – beide Hände berühren sich mit den Fingerspitzen wie ein Dach. Build windows – tue so, als würdest du aus dem Fenster schauen. Build a door – tue so, als würdest du eine Tür öffnen. And say hello – und sage hallo und winke.

Build a house,
Baut ein Haus,
build a roof,
baut ein Dach,
build windows,
baut Fenster,
build a door.
baut eine Tür.
Build a house,
Baut ein Haus,
build a roof,
baut ein Dach,
build windows,
baut Fenster,
build a door.
baut eine Tür.
Have a house to live in,
Habt ein Haus, um darin zu wohnen,
have a big window,
habt große Fenster und
have a door to open
eine große Tür zum Öffnen
and say: »Hello!«
und sagt: »Hallo!«

Während sie singen, wirken Skips Zauberworte. Das Haus wächst und wächst. Bald ist es so groß, dass alle darin spielen können.
Skip öffnet die Tür. »Open«, freut er sich, »I can open the door!«

open
öffnen

Dann ruft er: »Hello! Hello! I can say hello!«
Max und Lara können natürlich auch »Hallo« sagen: »Hello, Skip!«
Skip winkt ihnen zu: »Come in and play!«
Lara und Max stürmen ins Haus, um mit Skip zu spielen. Im Haus entdecken sie gleich noch eine Überraschung: Da stehen drei Stühle!
»Chairs«, sagt Skip, »one, two, three.«
Und ein Tisch! »A table«, erklärt Skip.
Und – auf dem Tisch liegen drei große Schokoladenkekse. Lecker!

I can open the door.
Ich kann die Tür öffnen.

say
sagen

Come in and play!
Kommt rein und spielt!

chairs
Stühle

a table
ein Tisch

5. Picknick im Drachenland

Look!
Seht mal!

It's sunny.
Es ist sonnig

bread
Brot

cheese
Käse

Let's sing and fly!
Kommt, wir wollen singen und fliegen!

Gleich nach dem Aufwachen guckt Lara aus dem Fenster. Es ist ein wunderschöner, sonniger Tag. Schnell weckt sie Skip und Max.

»Oh look!«, sagt Skip. »It's sunny!«

Als sie in der Küche frühstücken, wird ein Brief für Skip abgegeben. Freudestrahlend öffnet er ihn. Es ist eine Einladung zum Picknick!

Sie packen Brot, Skip sagt »bread«, und Käse, »cheese«, in eine große Tasche.

»Das wird bestimmt ein schöner Ausflug«, freut sich Max.

»Let's sing and fly!«, fordert Skip sie auf und schon fliegen sie davon.

Vor ihnen liegt ein großer, runder See. Auf den Wiesen am Ufer entdeckt Max überall bunte Blumen und kleine bunte Gestalten. Plötzlich erkennt er Skips Drachenfreunde.
»Lara, sieh nur!«, ruft Max und zeigt nach unten. »Dort sind Skips Freunde!«
Skip nickt: »My friends!«

Als sie landen, begrüßen die kleinen Drachen sie alle zusammen: »Hello, Skip. Let's have a picnic!«
»Yes, please!«, lacht Skip.
Max und Lara verstehen sofort, dass »picnic« Picknick bedeutet, denn die große Picknickdecke liegt bereits im Gras. Lara reicht das Brot und den Käse herum. Auch die kleinen Drachen packen aus. Ein blauer Drache bringt Schinken. »Ham!«, sagt er.
»Yes, please!«, antworten alle.
Dann bietet ein orangefarbener Drache jedem einen Apfel an. »Apple«, sagt er.
Ein grüner Drache bringt Bananen. »Bananas!«, sagt er – und Max nimmt gleich zwei.
Max kaut schon mit vollem Mund, als Skip sagt: »Let's eat!«
Jetzt fangen auch alle anderen an zu essen.
Zum Schluss bekommt jeder noch ein Eis.
»Oh! Ice-cream!«, rufen alle Drachen im Chor und lassen sich das Eis schmecken.

Als sie fertig gegessen haben, toben sie alle zusammen durch das Gras, planschen im Wasser und tanzen den Drachentanz. Und Skip weiß wieder ein neues Lied.

my friends
meine Freunde

Let's have a picnic!
Kommt, wir wollen ein Picknick machen!

yes
ja

please
bitte

ham
Schinken

apple
Apfel

bananas
Bananen

Let's eat!
Kommt, wir wollen essen!

ice-cream
Eis

Come along, come with me,
Kommt mit, kommt mit mir,

let's have a picnic!
lasst uns ein Picknick machen!

We have ham and we have bread,
Wir haben Schinken und wir haben Brot,

we have apples, green and red,
wir haben Äpfel, grün und rot,

we have cake and we have cheese.
wir haben Kuchen und wir haben Käse.

Let's have a picnic – yes, please!
Lasst uns ein Picknick machen – ja, bitte!

Cheese – please! Ham – please!
Käse – bitte! Schinken – bitte!

Cake – please! And bread!
Kuchen – bitte! Und Brot!

Cheese – please! Ham – please!
Käse – bitte! Schinken – bitte!

Apples – green and red!
Äpfel – grün und rot!

Come along, come with me,
Kommt mit, kommt mit mir,

let's have a picnic!
lasst uns ein Picknick machen!

Come along, come with me,
Kommt mit, kommt mit mir,

let's have a picnic – yes, please!
lasst uns ein Picknick machen – ja, bitte!

Spielideen

1. Skip hat Geburtstag. Male eine Glückwunschkarte für ihn. Bestimmt hilft dir jemand und schreibt dir die Wörter Happy birthday! auf.

2. Lege eine große Decke auf den Boden und mache ein Picknick für deine Stofftiere. Gib jedem etwas zu essen und sage: »Let's eat!« – Und was antworten die Tiere? Natürlich »Thank you!«

drink
trinken

Happy birthday!
Herzlichen Glückwunsch zum Geburtstag!

hurray
Hurra

One, two, three, four, five, six.
Eins, zwei, drei vier, fünf, sechs.

cake
Kuchen

thank you
vielen Dank

great
großartig

Davon werden sie so durstig, dass der gelbe Drache jedem ein Glas kalten Saft anbietet.
»Oh, was zu trinken!«, freut sich Max.
»Yes, drink«, antwortet der Drache.
Max trinkt gierig – und fragt gleich nach mehr!
»Seht mal, da kommt Besuch!«, ruft Lara.
Über die Wiese kommen zwei grüne Drachen, die einen riesengroßen Geburtstagskuchen mit sechs Kerzen tragen und auf der Picknickdecke absetzen.
»Happy birthday, Skip!«
Und alle Drachen rufen noch einmal zusammen: »Happy birthday!«
»Oh, Skip!«, sagt Lara. »Du hast Geburtstag! Herzlichen Glückwunsch zum Geburtstag!«
Als Skip die Kerzen auspustet, zählen sie: »One, two, three, four, five, six! Hurray!«
Sie schneiden den Kuchen auf und verteilen ihn. Einer der beiden grünen Drachen packt die letzten drei Kuchenstücke ein.
»Cake«, sagt er und gibt ihn Lara, damit sie den Kuchen mit nach Hause nehmen können.
»Thank you«, sagt Skip.
»Ja, vielen Dank!«, sagen auch Max und Lara.
»Thank you for a great birthday picnic!«, bedankt sich Skip bei all seinen Freunden.
Alle singen und winken, als sie am Abend wieder nach Hause fliegen.

6. Im Zoo

Max spielt mit seinen Stofftieren. Er hat einen Babyelefanten, ein Krokodil mit Klappmaul und einen gefährlichen Tiger. Max beschließt, dass er den Tiger am liebsten mag. Wie ein Tiger brüllt er Lara an, die gerade »Hello« zu Skip sagt. Skip wacht auf und fällt vor Schreck fast vom Regal!

»Animals«, sagt Lara und versucht sich an die richtigen Wörter zu erinnern.

»Yes«, sagt Skip, »zoo animals.«

Dann hat er eine Idee: »Let's go to the zoo!«

»Jippiii«, rufen alle und fliegen singend zum Zoo.

Als sie ankommen, landen sie genau vor dem Elefantenhaus. »Elephant«, murmelt Skip.

Vor dem großen Tier fühlt er sich ganz winzig. Er ist ja nur ein ganz kleiner Drache.

»Little dragon«, sagt Skip und zeigt auf sich selbst. Dann zeigt er auf den Elefant: »Big elephant!«

»Ja, großer Elefant und kleiner Drache!«, lachen Max und Lara und machen sich selbst ganz groß und ganz klein.

Immer noch kichernd, kommen Skip und Lara bei den Zebras vorbei.

»Zebra«, sagt Skip. Er zeigt auf ihre Streifen. »Black, white, black, white, black, white . . .«

»Schwarz, weiß, schwarz, weiß, schwarz, weiß!«, wiederholt Lara und schüttelt dabei ihren Kopf hin und her, bis ihr schwindelig wird.

Sie sucht Max, um auch ihm die gestreiften Zebras zu zeigen. Aber Max ist schon bei den Affen. Vor ihrem Käfig schneidet er Grimassen.

animals
Tiere

yes
ja

zoo animals
Zootiere

Let's go to the zoo!
Kommt, wir wollen in den Zoo gehen!

elephant
Elefant

little dragon
kleiner Drache

big
groß

zebra
Zebra

black
schwarz

white
weiß

monkey
Affe

Monkeys are funny.
Affen sind lustig.

crocodiles
Krokodile

can eat
können essen

Goodbye!
Tschüss!

tigers
Tiger

but
aber

»Monkey«, sagt Skip lächelnd. »Monkeys are funny!«
Sie gucken zu, als Max versucht sich wie ein Affe auf den Kopf zu stellen.
»Ja, Max, du bist ein Äffchen!«, lacht Lara und zupft Max am Ohr, um ihn wieder richtig herum zu drehen.
Max reibt sein Ohr, grinst und folgt Skip und Lara zu einem großen Wasserbecken. Dort schwimmen Krokodile. Nur ihre Köpfe sind über Wasser.
»Oh«, erschrickt Lara, »Krokodile!«
»Yes«, stimmt ihr Skip zu. Er denkt kurz nach, dann zeigt er auf die großen, scharfen Zähne in ihrem Maul.
»Crocodiles can eat dragons!«
»Ja, stimmt«, meint Max, »bestimmt können Krokodile Drachen essen.«
Alle zusammen sagen ganz schnell: »Goodbye, crocodiles!«, und gehen flugs weiter.
Eigentlich müssen sie bald nach Hause gehen. Aber Max will noch seine Lieblingstiere sehen, die Tiger.

»Tigers«, sagt Skip, der sich ein kleines bisschen fürchtet. »Tigers can eat dragons!«
Max versucht wie ein echter Tiger zu brüllen und weckt die Tiger auf. Sie reißen ihr Maul auf und gähnen. Dann entdeckt einer der Tiger Skip, einen echten Drachen, und er brüllt vor Furcht! So schnell er kann flitzt er in die hinterste Ecke seines Käfigs. Max, Skip und Lara lachen.
»Mmmmmm!«, macht Skip, »dragons can eat tigers, but I'm just a *little* dragon!«
Sie lachen alle und sagen: »Goodbye, tigers, goodbye, zoo!«

I'm just a little dragon.
Ich bin nur ein kleiner Drache.

Spielideen

1. Bastle dir deinen eigenen Zoo! Aus Knete kannst du ganz leicht alle Tiere formen. Elephant, zebra, monkey, crocodile, tiger. Und zum Schluss: Skip the dragon.

2. Höre dir das Lied noch einmal an. Schaue dir dazu im Buch das Bild im Zoo an. Kennst du alle Tiere? Sage: Hello monkey, hello zebra, hello crocodile, hello elephant, hello tiger.

Skip denkt sich ein neues Lied aus, das sie auf ihrem Weg nach Hause singen:

Hello, says the monkey to the zebra.
Hallo, sagt der Affe zum Zebra.

Hello, says the zebra to the elephant.
Hallo, sagt das Zebra zum Elefanten.

Hello with a smile says the crocodile.
Hallo, sagt mit breitem Lächeln das Krokodil.

And everyone says goodbye. Goodbye!
Und alle sagen Tschüss. Tschüss!

Let's go to the zoo,
Lasst uns in den Zoo gehen,

to the zoo, let's go!
in den Zoo, lasst uns gehen!

Let's go to the zoo,
Lasst uns in den Zoo gehen

and say hello!
und Hallo sagen.

Hello, says the monkey to the zebra.
Hallo, sagt der Affe zum Zebra.

Hello, says the zebra to the elephant.
Hallo, sagt das Zebra zum Elefanten.

Hello says the tiger with a big white smile.
Hallo, sagt der Tiger mit einem großen weißen Lächeln.

And everyone says goodbye. Goodbye!
Und alle sagen Tschüss. Tschüss!

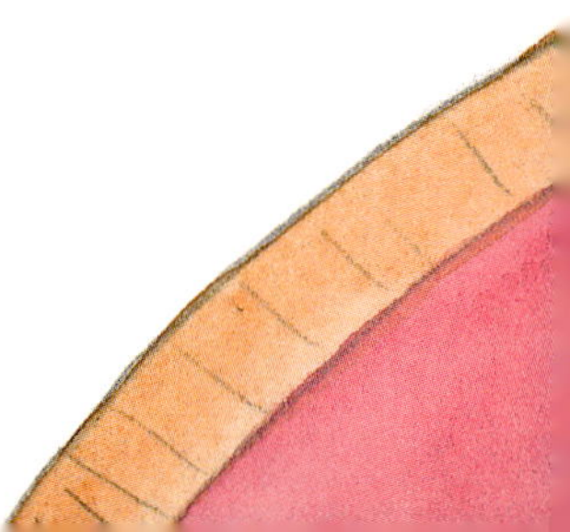

Sie erheben sich in die Luft und der große Elefant und die gefährlichen Tiger unter ihnen werden immer kleiner, bis sie nur noch ganz winzig sind. Zu Hause angekommen, will Max unbedingt, dass Skip seinen Stofftiger lebendig macht. Aber Skip ist so müde.
»Lass ihn schlafen«, flüstert Lara und lächelt verschwörerisch. »Dann können wir bald wieder ein Abenteuer mit ihm erleben!«

Auf Wiedersehen, Skip! Auf Wiedersehen, Max und Lara! Bis bald!

1. Dragon Friends

Dragon friends, dragon friends,
Drachenfreunde, Drachenfreunde,

dragon friends are magic!
Drachenfreunde können zaubern!

Magic! Magic!
Zauberei! Zauberei!

Dragon friends are magic!
Drachenfreunde können zaubern!

Magic! Magic!
Zauberei! Zauberei!

Dragon friends are magic!
Drachenfreunde können zaubern!

I am happy,
Ich bin glücklich,

happy with you!
glücklich mit dir!

I am happy,
Ich bin glücklich,

be my friend, too!
sei auch du mein Freund!

Magic! Magic!
Zauberei! Zauberei!
Dragon friends are magic!
Drachenfreunde können zaubern!

Magic! Magic!
Zauberei! Zauberei!
Dragon friends are magic!
Drachenfreunde können zaubern!

Spielideen für Kindergruppen

1. Jedes Kind malt ein Bild seines besten Freundes oder seines Lieblingskuscheltiers. Das Ganze wird verziert mit einem schönen, gemalten Schmuckrahmen.

2. Aus festem Papier werden schmale Streifen geschnitten, bunt bemalt und als Freundschaftsbänder verschenkt.

3. Jeder malt auf einen weißen, festen Papierstreifen ein Häschen. In ein schwarzes Kärtchen, das etwas breiter ist als der weiße Streifen, werden zwei parallele Schnitte gemacht. Wenn man jetzt den weißen Streifen einfädelt und hin- und herbewegt, verschwindet das Häschen wie durch Zauberei und taucht wieder auf.

2. Riding on a Rainbow

Riding on a rainbow,
Reiten auf dem Regenbogen,
riding to the sun.
reiten hin zur Sonne.
Riding on a rainbow,
Reiten auf dem Regenbogen,
riding just for fun!
reiten nur aus Spaß.

Flying to the rain clouds,
Fliegen zu den Regenwolken,
flying to the sun.
fliegen hin zur Sonne.
Riding on a rainbow,
Reiten auf dem Regenbogen,
riding just for fun!
reiten nur aus Spaß.

It’s raining, it’s sunny,
Es regnet, es ist sonnig,
and that makes a rainbow,
und so entsteht ein Regenbogen,
a rainbow!
ein Regenbogen!

Riding on a rainbow,
Reiten auf dem Regenbogen,
...
riding just for fun!
reiten nur aus Spaß.

Spielideen für Kindergruppen

1. Mit etwas Seifenlauge kann man schöne Seifenblasen zaubern. Gemeinsam werden die Farben der Seifenblasen betrachtet. Wer entdeckt welche Farbe und weiß das englische Wort?

2. Gemeinsam wird eine große Sonne und eine Regenwolke gemalt. Anschließend zeichnen die Kinder Kleidungsstücke, die sie bei Regen tragen oder bei Sonnenschein. Die Kleidungsstücke werden nun auf die richtige Seite des Plakats geklebt. Dazu sagt jedes Kind entweder: »It’s sunny«, oder: »It’s rainy.«

3. Garden Adventure

Fly like a butterfly, fly, fly, fly,
Flieg wie ein Schmetterling, flieg, flieg, flieg,
zoom, zoom, zoom like a bee.
summ, summ, summ, wie eine Biene.
Fly like a bird in the sky, sky, sky,
Flieg wie ein Vogel im Himmel, Himmel, Himmel,
can you fly like me?
kannst du fliegen wie ich?

Butterfly, butterfly,
Schmetterling, Schmetterling,
butterfly, bird and bee.
Schmetterling, Vogel und Biene.
Butterfly, butterfly,
Schmetterling, Schmetterling,
you can fly like me!
du kannst fliegen wie ich!

Crawl like a beetle, crawl . . .
Krabble wie ein Käfer, krabble . . .
crawl like a beetle, too.
krabble genau so wie ein Käfer.
Crawl like a beetle, crawl, crawl, crawl,
Krabble wie ein Käfer, krabble, krabble, krabble,
I can crawl like you!
ich kann krabbeln genau wie du!

Beetle, crawl! Beetle, crawl!
Käfer, krabble! Käfer, krabble!
Crawl like a beetle, too.
Krabble genauso wie ein Käfer.
Beetle, crawl! Beetle, crawl!
Käfer, krabble! Käfer, krabble!
I can crawl like you!
Ich kann krabbeln genau wie du!

Spielideen für Kindergruppen

1. Gemeinsam wird ein Plakat mit einem Baum, Gras und Blumen gestaltet. Dann malt jedes Kind ein Tier aus der Geschichte, schneidet es aus und klebt es auf das Plakat. Reihum kann man jetzt auf die Tiere zeigen und sie auf Englisch benennen lassen.

2. Alle sitzen im Kreis. Reihum ahmt nun jedes Kind nur mit den Händen und dem Körper ein Tier aus der Geschichte nach.

4. Build a House

Build a house,
Baut ein Haus,
build a roof,
baut ein Dach,
build windows,
baut Fenster,
build a door.
baut eine Tür.
Build a house,
Baut ein Haus,
build a roof,
baut ein Dach,

build windows,
baut Fenster,
build a door.
baut eine Tür.
Have a house to live in,
Habt ein Haus, um darin zu wohnen,
have a big window,
habt große Fenster und
have a door to open
eine große Tür zum Öffnen
and say: »Hello!«
und sagt: »Hallo!«

Spielideen für Kindergruppen

1. An die Kinder werden aus buntem Papier die Einzelteile des Hauses verteilt: ein Quadrat für das Haus, ein kleines Quadrat als Fenster, ein Bogen für die Tür und ein Dreieck für das Dach. Gemeinsam wird das Lied gesungen. Immer wenn die Wörter fallen, halten die Kinder die entsprechenden Teile hoch.

2. Anschließend kleben die Kinder die Einzelteile zusammen auf und malen Skip, Max und Lara in das Haus.

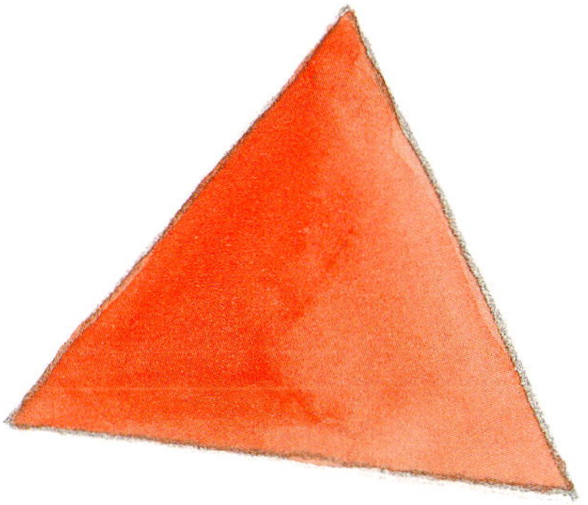

5. Picnic

Come along, come with me,
Kommt mit, kommt mit mir,

let's have a picnic!
lasst uns ein Picknick machen!

We have ham and we have bread,
Wir haben Schinken und wir haben Brot,

we have apples, green and red,
wir haben Äpfel, grün und rot,

we have cake and we have cheese.
wir haben Kuchen und wir haben Käse.

Let's have a picnic – yes, please!
Lasst uns ein Picknick machen – ja, bitte!

Cheese – please! Ham – please!
Käse – bitte! Schinken – bitte!

Cake – please! And bread!
Kuchen – bitte! Und Brot!

Cheese – please! Ham – please!
Käse – bitte! Schinken – bitte!

Apples – green and red!
Äpfel – grün und rot!

Come along, come with me,
Kommt mit, kommt mit mir,
let's have a picnic!
lasst uns ein Picknick machen!

Come along, come with me,
Kommt mit, kommt mit mir,
let's have a picnic – yes, please!
lasst uns ein Picknick machen – ja, bitte!

Spielideen für Kindergruppen

1. Im Sitzkreis wird das Picknick mit verteilten Rollen nachgespielt. Die »Drachen« bieten das Essen an: »Cheese?« Die »Besucher« rufen alle ganz laut: »Yes, please!«

2. Man kann die Geschichte gut einsetzen, um die Frage »How old are you?« und die Antwort »I am . . . years old« einzuführen. Die Kinder können sich reihum im Sitzkreis befragen.

6. The Zoo

Hello, says the monkey to the zebra.
Hallo, sagt der Affe zum Zebra.

Hello, says the zebra to the elephant.
Hallo, sagt das Zebra zum Elefanten.

Hello with a smile says the crocodile.
Hallo, sagt mit breitem Lächeln das Krokodil.

And everyone says goodbye. Goodbye!
Und alle sagen Tschüss. Tschüss!

Let's go to the zoo,
Lasst uns in den Zoo gehen,

to the zoo, let's go!
in den Zoo, lasst uns gehen!

Let's go to the zoo,
Lasst uns in den Zoo gehen,

and say hello!
und Hallo sagen.

Hello, says the monkey to the zebra.
Hallo, sagt der Affe zum Zebra.

Hello, says the zebra to the elephant.
Hallo, sagt das Zebra zum Elefanten.

Hello says the tiger with a big white smile.
Hallo, sagt der Tiger mit einem großen weißen Lächeln.

And everyone says goodbye. Goodbye!
Und alle sagen Tschüss. Tschüss!

Let's go to the zoo,
Lasst uns in den Zoo gehen,

to the zoo, let's go!
in den Zoo, lasst uns gehen!

Let's go to the zoo,
Lasst uns in den Zoo gehen,

and say hello!
Und Hallo sagen.

Spielideen für Kindergruppen

1. Es werden Rollen verteilt, jedes Kind ist ein anderes Tier. Wenn der Song gespielt und gesungen wird, winkt z. B. das Tigerkind, wenn es seinen Namen hört und ruft »Hello« usw.

2. Aus Papptellern gestaltet jedes Kind eine Tiermaske, einen Elefanten ... Zum Schluss werden die Löcher für Augen und Nase ausgeschnitten und die Masken mit Gummiband am Kopf befestigt.

3. Ein schnelles Reaktionsspiel: Wenn der Ansager »elephant« ruft, winken die Kinder mit einem Arm wie mit einem Rüssel. Wenn er »crocodile« ruft, bewegen die Kinder die gestreckten Arme wie ein Maul, das auf- und zuklappt. Bei »zebra« rennen die Kinder zu einem bestimmten Punkt. Bei »tiger« brüllen die Kinder wie ein Tiger. Bei »monkey« kratzen sie sich unter dem Arm oder tun so, als würden sie eine Banane essen. (Bei Bedarf weniger Tiere nehmen.)

Liebe Eltern, liebe Erzieherinnen und Erzieher!

Je früher ein Kind damit beginnt, eine fremde Sprache zu lernen, desto besser: Der Teil des Gehirns, mit dem wir Sprachen lernen, ist am aktivsten von der Geburt an bis zum Alter von sieben Jahren. Kleine Kinder lernen mit allen Sinnen. Wenn also optische und akustische Anreize mit Bewegungsanregungen verbunden werden, ist der Erfolg am größten. Deshalb gibt es in diesem Buch Geschichten zum Hören, Bilder zum Anschauen, Lieder zum Mitsingen und Tanzen und viele Anregungen, was man zu den Geschichten spielen oder basteln kann.

Die Geschichten und Lieder rund um den kleinen roten Drachen Skip sind speziell dafür konzipiert, Englisch lernen so leicht und unterhaltsam wie möglich zu machen:

- **Die Geschichten** ermuntern die Kinder zuzuhören. In ihnen werden neue Wörter vorgestellt und ganz nebenbei auch gleich übersetzt. Deshalb müssen Eltern oder Erzieher die englischen Wörter nicht selbst kennen.
- **Die Lieder** sind kurz und einprägsam. In den Liedern werden die neuen Wörter mehrfach wiederholt und durch Rhythmus und Musik wird die korrekte Aussprache unterstützt. Die Kinder werden die Lieder sehr gerne hören, sie können dazu tanzen, spielen und irgendwann sogar mitsingen! Sie werden sich die englischen Lieder genauso einfach merken wie Lieder auf Deutsch.
- **Mit den Spielideen** können die Kinder ihr neu erworbenes Wissen selbst ausprobieren und einsetzen. Das ist ein entscheidender Schritt zum Lernerfolg. Alle Spielanregungen sind mit wenig Aufwand umsetzbar. Die Ideen direkt bei den Geschichten sind für den Einsatz zu Hause, die Spielideen im Anhang sind für Kindergruppen geeignet.
- **Die CD** ist ausschließlich mit Muttersprachlern aufgenommen. Dadurch prägen sich die Kinder von Anfang an die richtige Aussprache ein. Das ist besonders wichtig, da Kinder eine Fremdsprache über das Zuhören lernen.

Viel Spaß in der Welt des kleinen roten Drachen!

Trackliste der CD (gesamte Spieldauer ca. 75 min.)

Track	Inhalt	Dauer
1.	Titelansage, Abenteuer 1: Freunde	6:46
2.	Jingle, Abenteuer 2: Ein Regenbogen	6:22
3.	Jingle, Abenteuer 3: Im Garten	6:32
4.	Jingle, Abenteuer 4: Ein Haus für Skip	6:25
5.	Jingle, Abenteuer 5: Picknick im Drachenland	6:02
6.	Jingle, Abenteuer 6: Im Zoo	6:34
7.	Lied 1 Dragon Friends	2:53
8.	Lied 2 Riding on a Rainbow	2:55
9.	Lied 3 Garden Adventure	3:35
10.	Lied 4 Build a House	2:14
11.	Lied 5 Picnic	2:26
12.	Lied 6 The Zoo	2:57
13.	Wörter zum Nachsprechen, Abenteuer 1	1:52
14.	Wörter zum Nachsprechen, Abenteuer 2	1:58
15.	Wörter zum Nachsprechen, Abenteuer 3	1:23
16.	Wörter zum Nachsprechen, Abenteuer 4	2:01
17.	Wörter zum Nachsprechen, Abenteuer 5	2:10
18.	Wörter zum Nachsprechen, Abenteuer 6	2:05
19.	Spielideen für Abenteuer 1	0:49
20.	Spielideen für Abenteuer 2	0:48
21.	Spielideen für Abenteuer 3	0:50
22.	Spielideen für Abenteuer 4	1:02
23.	Spielideen für Abenteuer 5	0:33
24.	Spielideen für Abenteuer 6	0:41
25.	Mini-Wörtertest: Deutsch – Englisch	1:52
26.	Titellied: Little Red Dragon	1:08

Alphabetische Wörterliste

Die Angaben beziehen sich auf die Übersetzung in den Geschichten. Es gibt natürlich zahlreiche andere Bedeutungen, die hier nicht aufgeführt sind.

A
a ein, eine
animal Tier
apple Apfel

B
banana Banane
beautiful wunderschön
bee Biene
beetle Käfer
big groß
bird Vogel
black schwarz
blue blau
box Kiste
bread Brot
build bauen
but aber
butterfly Schmetterling

C
cake Kuchen
can können
chair Stuhl
cheese Käse
cloud Wolke
come kommen
crocodile Krokodil
crawl krabbeln

D
doll Puppe
door Tür
dragon Drache

E
elephant Elefant
eat essen

F
find finden
five fünf
for für
four vier
friend Freund

G
Goodbye Auf Wiedersehen
great großartig
green grün

H
ham Schinken
Happy birthday! Herzlichen Glückwunsch zum Geburtstag!
Hello! Hallo!
house Haus

I
I can . . . Ich kann . . .
ice-cream Eis
It's raining. Es regnet.
It's sunny. Es ist sonnig.

L
Let's sing and fly! Kommt, wir wollen singen und fliegen!
little klein
Look! Seht mal!

M
magic Zauberei
make machen
monkey Affe
my mein, meine

O
one eins
open öffnen
orange orangefarben
our unser, unsere

P
paint malen
play spielen
please bitte
purple lila

R
rabbit hier: Hase, *eigentl.* Kaninchen
rain Regen
rainbow Regenbogen
red rot
roof Dach
run rennen

S
say sagen
see sehen
sing singen
six sechs
sun Sonne

T
table Tisch
thank you vielen Dank
the der, die, das
This is . . . Das ist . . .
three drei
tiger Tiger
two zwei

W
white weiß
window Fenster

Y
yellow gelb
yes ja

Z
zebra Zebra

Skip